LES ARCHIVES

DU

CHATEAU DE SASSAY

(COMMUNE DE LIGRÉ)

INVENTAIRE

PAR

Louis de GRANDMAISON

ARCHIVISTE DU DÉPARTEMENT

Extrait du t. XLIII des *Mémoires de la Société archéologique de Touraine.*

TOURS
IMPRIMERIE PAUL BOUSREZ

1903

(7)

LES

ARCHIVES DU CHATEAU DE SASSAY

Les Archives des châteaux et des familles sont, hélas ! exposées à bien des dangers. On ne saurait trop louer ceux qui, pour en assurer, autant que possible, la conservation, les confient à des établissements publics, où ces documents, tout en trouvant un abri, sont à la disposition des chercheurs et des érudits (1).

M. le comte de Saint-Exupéry a donné dans notre département ce bon exemple : au mois d'octobre 1894, il déposait aux Archives d'Indre-et-Loire les papiers et titres de la seigneurie de Sassay, qui a été possédée par sa famille (2). Aussitôt après avoir reçu ce don généreux, l'Archiviste du département entreprit le classement et le catalogue de ces pièces. En attendant la publication d'un supplément à l'Inventaire des Archives d'Indre-et-Loire antérieures à 1790, il ne sera pas sans utilité, particulièrement pour ceux qui s'intéressent à l'histoire du Chinonais, d'avoir entre les mains l'indication des pièces principales contenues dans ce fonds.

Les documents donnés par M. de Saint-Exupéry remontent aux premières années du XVIe siècle et per-

<hr>

(1) Le *Journal officiel* publie chaque année les noms des donateurs aux Archives départementales.

(2) Depuis cette époque, d'autres dons analogues sont venus enrichir les Archives d'Indre-et-Loire ; le plus important est celui des Archives de Saint-Germain-sur-Indre et de Pocé fait par M. le comte de Bridieu.

mettent de retracer toute l'histoire de la terre de Sassay depuis cette époque jusqu'à la Révolution.

Ce fief, situé dans la paroisse de Ligré, avait haute, moyenne et basse justices ; il relevait du château de Chinon à foi et hommage simple et à un marbotin d'or, équivalent à une maille d'or, à muance d'homme (1).

Les titres inventoriés ci-dessous concernent également plusieurs terres situées aux environs de Sassay, qui furent parfois entre les mains des mêmes seigneurs. Quelques renseignements sur ces fiefs ne paraissent donc pas inutiles.

1º *Le fief du Rouillis*, paroisse de Ligré, avait, comme celui de Sassay, haute, moyenne et basse justices ; comme lui, il relevait du château de Chinon à foi et hommage simple et à une maille d'or à muance d'homme (2).

2º *La dîme et la dîmerie du Rouillis*, consistant tant en grande que petite dîme, était composée de quatre cantons dénommés d'Aime, de Beauvais, des Jouisses et de Sassay ; elle joignait d'orient aux marais communs de la paroisse de Ligré, du midi à la dîme de Saint-Mesme de Chinon, d'occident à celle de la seigneurie de la Roche-Clermault, du nord à celle du prieuré des Roches-Saint-Paul. Elle était sans fief ni juridiction et relevait à foi et hommage lige, à droit de rachat et loyaux aides de la Motte-de-Baussay, aliàs la Motte-Champdeniers (3), et primitivement de la terre de Beuxe (4), réunie au marquisat de la Motte. En 1713, la dîme du Rouillis fut vendue et séparée du fief de ce nom (5).

(1) Sassay 3, pièce 2, et Sassay 10.
(2) *Ibidem* ; cf. aussi Sassay 8, fol. 11.
(3) La Motte-Champdeniers, jadis la Motte-de-Baussay, cne de Trois-Moutiers, arr. de Loudun (Vienne), fief érigé en marquisat en 1700 (Redet, *Dictionnaire topographique de la Vienne*).
(4) Beuxes, canton et arr. de Loudun (Vienne).
(5) Archives d'Indre-et-Loire, E 216 (passim).

3° *Le fief de Basse-Chancelée* s'étendait sur les terres de la métairie du même nom, paroisse de Rivière et avait seulement le droit de basse justice. Il relevait de Champigny (1), ou plutôt de la Rajace (2) dépendant de Champigny, à deux sous (aliàs, deux sous, six deniers) de redevance annuelle et à une maille d'or à muance d'homme, évaluée à 50 sous (3). Ce fief fut détaché de la terre de Sassay en 1710 et vendu à dame Anne de Lomeron, veuve de Pierre de Bagnan, chevalier, s. de Haute-Chancelée (4).

4° *Le fief volant du Raineau*, étant sans maison, s'étendait sur sept arpents dans la paroisse Saint-Jacques de Chinon ; il avait le droit de basse justice et relevait du fief de Sassay à foi et hommage simple (5).

5° *Le fief des Jouisses*, paroisse de Ligré, n'avait également que le droit de basse justice ; il relevait de Sassay, comme le précédent, mais à 7 sous, 6 deniers, de redevance annuelle et autres droits féodaux. En 1703, Philippe de Mausson, écuyer, en était seigneur (6).

Les renseignements fournis par M. de Busserolle, dans son *Dictionnaire géographique et historique d'Indre-et-Loire* (7) et ceux puisés dans les documents inventoriés ci-dessous permettent de dresser comme il suit la liste des seigneurs de Sassay.

Les premiers possesseurs de cette terre appartenaient peut-être à la famille de Sassay, dont un des membres était en 1451 seigneur de Sazilly, fief situé également non loin de Chinon (8). Cette famille semble du reste

(1) Champigny-sur-Veude, canton de Richelieu, arr. de Chinon.
(2) La Rajace, cⁿᵉ de Ligré, canton de Richelieu, arr. de Chinon.
(3) Archives d'Indre-et-Loire, E 219, et Sassay 8, fol. 7.
(4) E 219 : Inventaire après décès de la dite dame (1714), fol. 6.
(5) Sassay 10.
(6) *Ibidem.*
(7) Cf. les mots : Sassay, Rouillis (le), et Raineau (le).
(8) C. de Busserolle, *Dictionnaire*, t. VI, p. 29 ; Sazilly, canton de l'Ile-Bouchard, à 11 kil. de Chinon.

être originaire de cette région, où elle a possédé de
nombreuses terres dans les paroisses de Trogues, de
Rilly, de Saint-Epain et de Saint-Louand près Chinon (1). Toutefois aucun document ne vient confirmer
cette supposition très vraisemblable.

Quoi qu'il en soit, le premier seigneur connu du
Rouillis, — il était probablement aussi seigneur de
Sassay, — est Raoul de Razillé, chevalier, seigneur
de Razillé, du Rouillis, de Fouchans (2., etc. ; il fit son
testament le 7 juillet 1398, et mourut la même année
au Rouillis. Il avait épousé Philippe Godeschal, dont
il eut un fils, Jean de Razillé III, décédé le 4 décembre
1401 à Fouchans, sans laisser d'enfants de sa femme
Marguerite Maumoine, fille de Jean, seigneur de
Beaumont-la-Ronce. Sa veuve se remaria à Pierre de
Sanglier, écuyer, seigneur de Bray, qui est dit aussi
seigneur du Rouillis, cette terre faisant probablement
partie du douaire de Marguerite Maumoine.

Un cousin au quatrième degré de Jean III, Louis de
Razillé, fut mis par arrêt du Parlement en possession
du château de Razillé (3) et des deux tiers de sa succession (4 août 1409). Il n'est pas dit seigneur du
Rouillis, probablement pour la raison qui vient d'être
rapportée. Mais après sa mort, arrivée en novembre
1414, son fils Jean VI, qui fut chambellan de Charles
VII, fit le 31 juillet 1414 un compromis au sujet du
rachat de la dîme du Rouillis prétendu par le seigneur

(1) Cf. Archives d'Indre-et-Loire, série Q, domaines nationaux du
district de Chinon, et C. de Busserolle, *Dictionnaire*, v^is Rollandière (la)
et Martinière (la), c^ne de Trogues, Rebuffière (la), c^ne de Rilly et Girar-
dière (la), par. de Rivière.

(2) *Sic*, C. de Busserolle, dans l'article des *Archives des familles
nobles* cité plus bas ; ne faudrait-il pas lire Fouchault, c^ne de Vallères,
canton d'Azay-le-Rideau, arr. de Chinon ?

(3) Aujourd'hui Razilly, c^ne de Beaumont-en-Véron, canton et arr.
de Chinon.

de Baussay (1). Le même, ou peut-être son fils ainé également nommé Jean, vendit en 1449 le fief du Rouillis à Jean Bernard pour 400 écus d'or (2). Cette terre passa ensuite aux mains de Jean Barbin, qui en était seigneur en 1460 (3) et le vendit en 1464 à Guillaume de Varie, conseiller du Roi et général des finances (4). Ce dernier étant mort, sa veuve Charlotte de Bar épousa Pierre d'Oriole, seigneur de Loiré en Aunis, qui fut chancelier de France de 1472 à 1483 (5). Celui-ci, en 1471 et 1482, donna procuration pour la foi et l'hommage de la dîme du Rouillis, dont il jouissait du chef de sa femme (6). Pierre d'Oriole fut également seigneur de Sassay (7), et il y a tout lieu de croire qu'il en fut de même de Guillaume de Varie et peut-être des précédents possesseurs. Charlotte de Bar, après le décès de son second mari, arrivé le 14 septembre 1485, continua à jouir de ces biens (8), qui, à sa mort, revinrent à la famille de Varie.

En 1494 en effet, Guillaume de Varie donne procuration pour l'hommage de la dîme du Rouillis (9), et l'on trouve noble Guillaume de Varie, écuyer, probablement le même, qualifié seigneur de l'Ile-Savary (10),

(1) Les renseignements donnés ci-dessus sont empruntés à la *Généalogie de la maison de Rasilly,* par M. le Mis de Rasilly, imprimée par M. C. de Busserolle, dans ses *Archives des familles nobles de la Touraine, de l'Anjou, du Maine et du Poitou,* t. I (1889), p. 61 et suiv. — Pour le compromis de 1414, il est mentionné dans la pièce 18 de la liasse E 216 des *Archives d'Indre-et-Loire.*

(2) C. de Busserolle, *Dictionnaire,* t. V, p. 423.

(3) *Ibidem.*

(4) Mention. E 216, pièce 18.

(5) Moréri, édition de Bâle, 1740, t. V, p. 615.

(6) Mention, E 216, pièce 18.

(7) Cf. Sassay 28, pièce 3.

(8) C. de Busserolle, *Dictionnaire,* t. VI, p. 15.

(9) Mention, E 216, pièce 18.

(10) L'Ile-Savary, c^{on} de Clion, canton de Châtillon, arr. de Châteauroux (Indre). Guillaume de Varie avait acheté ce fief du chancelier Pierre d'Oriole, moyennant 40,000 écus (Hubert, *Dictionnaire de l'Indre*).

du Rouillis et de Sassay en 1514 (1) et 1527 (2). Il était mort avant le 12 mars 1529, n. st., laissant un fils (3). Ce dernier doit être Charles de Varie, qui, en 1531, étant panetier ordinaire du Roi, seigneur de l'Ile-Savary, de Sassay, du Rouillis et de Basse-Chancelée en Touraine et de Feullarde en Berry (4), obtint de François Ier des lettres pour faire dresser le terrier de ses seigneuries (5).

En 1547, il rend deux aveus au Roi, l'un pour Sassay, l'autre pour le Rouillis (6). En décembre 1570, il possédait encore ces fiefs et honorables hommes sires Guillaume Dreux et Pierre Ferrand, marchands à Chinon, étaient fermiers du Rouillis et de Sassay (7). Il dut mourir peu après, car M. de Busserolle indique, dès 1571, René de Varie comme seigneur de ces deux terres (8).

Celui-ci, le 13 juin 1582, échangea Sassay, le Rouillis, la Basse-Chancelée et le Raineau avec messire Jean de Beaufort, marquis de Canillac (9), qui lui-même, le même jour, échangea de nouveau cette terre avec François de Bourbon, duc de Montpensier, seigneur de Champigny. De ces échanges multiples naquirent de longs procès (10). On trouve toutefois le duc de Montpensier qualifié seigneur du Rouillis et de Sassay en

---

(1) Sassay 28, pièce 1.

(2) Sassay 19, pièce 2.

(3) Sassay 28, pièce 3.

(4) Probablement Feularde, c^{ne} d'Annoix, canton de Levet, arr. de Bourges (Cher).

(5) Sassay 1 et 2.

(6) Copie collationnée, Sassay 3, pièce 2.

(7) Sassay 18, pièce 1.

(8) *Dictionnaire*, t. V, p. 423, et t. VI, p. 15.

(9) Il appartient à la famille de Montboisier. Par contrat de 1511, Jacques de Beaufort, m^{is} de Canillac, donna le marquisat de Canillac à Jacques de Montboisier, son filleul, à condition de porter le nom et les armes de la famille de Beaufort (Moréri, édition citée, t. VI, p. 151).

(10) Cf. Sassay 3, pièces 1 et 3, et Bibl. nationale, Pièces originales, dossier 65 136, fol. 43-48, etc.

1587 (1). Cette terre passa ensuite à son fils Henri et à
la fille unique de celui-ci, Marie de Bourbon, duchesse
de Montpensier (2), qui était sous la tutelle de François,
cardinal et duc de Joyeuse. Ce dernier, en sa qualité de
tuteur, rendait, le 24 juin 1613, foi et hommage pour
la dîme du Rouillis à Jean-Louis de Rochechouart,
seigneur de la Motte-de-Baussay (3). En 1626, la
duchesse de Montpensier épousa Gaston, duc d'Orléans,
et mourut l'année suivante en lui laissant une fille, héritière de sa mère. Les procès n'étaient pas encore ter-
minés et la famille de Varie réclamait toujours la terre
de Sassay, quand, en février 1635, le duc d'Orléans,
comme tuteur de sa fille, donna au cardinal de Richelieu les terres de Champigny, Sassay, etc., en échange
de Bois-le-Vicomte et Mitry. Sassay avec ses dépendances valait alors, d'après les baux, de 1,600 à 1,700
livres de revenu (4). En vertu de cet échange, on
trouve le cardinal de Richelieu qualifié seigneur de
Sassay dans plusieurs des pièces inventoriées ci-dessous (5).

Ce fief, à la mort du cardinal (1642), passa à son
neveu, Armand-Jean Vignerot du Plessis, duc de Richelieu. Mais le 18 mai 1646, la famille de Varie finit
par avoir gain de cause et un arrêt du Parlement inter-
vint en faveur de demoiselle Gilberte de Varie, femme
de Louis (ou Charles) de la Brosse, écuyer, s. du Poirier,
sœur et héritière de Philippe de Varie, héritier lui-
même de René de Varie (6). La famille de Varie n'était
cependant pas parvenue à entrer en possession de la
terre de Sassay en 1650 (7), et le procès durait encore.

(1) Sassay 17, pièces 5 et 6.
(2) Sassay 17, pièces 11 à 13, 19 à 27, 29 et passim.
(3) E 216, pièce 2 (copie collationnée).
(4) Sassay 3, pièce 3, fol. 1 r°, et pièce 1 (mentions).
(5) Sassay 17, pièces 42, 52, 56 et passim.
(6) Sassay 3, pièce 3 (mention).
(7) Sassay 3, pièce 1, fol. 1 v° (mention).

Cependant, dès le 13 septembre 1647, Gilberte de Varie et son mari avaient fait donation entre vifs à René de la Chastre, écuyer, trésorier général de France à Bourges, des terres de Sassay, le Rouillis, Basse-Chancelée et le Raineau ; ils se réservaient toutefois la moitié de l'usufruit (1).

René de la Chastre fit le 26 septembre 1655 hommage pour la dîme du Rouillis relevant de la Motte-de-Baussay à François de Rochechouart, marquis de Champdeniers, et donna son aveu le 14 octobre (2). L'année suivante, il rendit hommage pour la terre de Sassay au duc de Richelieu, à cause du château de Chinon (3).

En 1666, il vivait encore, si l'on en croit l'intitulé des Assises des fiefs de Sassay et du Rouillis tenues en cette année (4) ; il était certainement mort avant la fin de l'année suivante et ses enfants partageaient sa succession (5) s'élevant au total à 201,550 l. 14 s. (6). On voit par cet acte qu'il avait épousé en secondes noces damoiselle Catherine Girard, dont il avait eu quatre fils (Nicolas, René, François, Jean) et une fille, Marie (7), qui sont les partageants. D'un premier mariage était issu un autre fils nommé aussi René ; il était décédé avant 1667, laissant veuve sa femme Marguerite de Marreau, qui avait eu de lui des enfants encore en tutelle (8). Les terres et seigneuries de Sassay, le Rouillis, la Basse-Chancelée et le

(1) Sassay 3, pièce 4 (copie).
(2) Cf. E 216, pièces 3 à 8 (copies).
(3) Sassay 3, pièce 1, fol. 2 v° (mention).
(4) Sassay 4. — Cf. Sassay 5, pages 5 et 6, d'après ce passage, il paraît être mort avant le 1er octobre 1665.
(5) Sassay 5 (14 novembre 1667).
(6) *Ibidem*, page 6.
(7) Elle épousa plus tard, avant 1670, René Damours, s. de Vauvert (Sassay 6).
(8) Sassay 5, page 7.

Raineau furent attribuées à Nicolas et François de la Chastre et sont estimés 70,000 livres. Nicolas se chargea de faire valoir le tout.

On pourra voir ci-dessous l'analyse détaillée du partage qui indique les principaux biens attribués à chacun des autres enfants; ces biens ne sont pas situés en Touraine.

Ce partage donna lieu à des difficultés, particulièrement entre Nicolas et François de la Chastre. En 1670, la terre de Sassay est partagée : Nicolas de la Chastre l'aîné reçoit le Rouillis (1) et François Sassay et Basse-Chancelée (2). Les procès recommencèrent cependant entre les deux frères (3), puis, le 7 juillet 1676, Nicolas vendit le Rouillis, pour 8,400 livres, à François (4), qui se trouva ainsi en possession de toutes les terres qui avaient appartenu à son père en Touraine. En 1685, François fit offre de foi et hommage pour la Basse-Chancelée (5). Il épousa Marie Renazé, fille de Bernard Renazé, s. de Lisle, conseiller du Roi, contrôleur et élu en l'élection de Chinon (6), et était mort avant le mois de mai 1694. Le 5 de ce mois, Nicolas de la Chastre, écuyer, s. de Sassay, son fils aîné, partage sa succession, s'élevant à 46,163 l. 13 s. 4 d., avec Joseph de la Chastre, écuyer, s. du Rouillis, son frère, et Marie de la Chastre, sa sœur. En qualité d'aîné il avait droit, en vertu de la Coutume, au deux tiers des biens, plus le principal manoir, c'est-à-dire le château de Sassay, avec son chezé composé de trois arpents de terre autour du dit château. La Basse-Chancelée et le

(1) Toutefois François faisait hommage de la dîme du Rouillis le 9 novembre 1671 (E 216, pièce 9).
(2) Sassay 6. — Cf. aussi E 216, pièce 1.
(3) Sassay 7.
(4) Sassay 7, pièce 3, fol. 9 r° et 15 ; Sassay 8, fol. 1 v°
(5) Mention dans E 219.
(6) Avant 1683, Sassay 17, pièce 92.

Rouillis furent également attribués à Nicolas (1).
Celui-ci était encore jeune et on le voit qualifié en
1695 et 1696 de mineur émancipé ayant comme cura-
teur Jean Richard, procureur à Chinon (2). Il épousa
avant août 1704, Marguerite-Henriette de Villiers (3).
Le 6 juillet 1703, il rend aveu au duc de Richelieu et
de Fronsac pour Sassay, le Rouillis et le Raineau (4) ;
il avait fait foi et hommage le 21 mai précédent (5).
Le 10 juillet 1710, il rend sa foi et hommage pour la
dîme du Rouillis à Nicolas de Lamoignon, m^{is} de la
Motte-Champdeniers, intendant de Languedoc (6), et
donne son aveu le 15 novembre 1712 (7). Nicolas de la
Chastre paraît avoir très mal administré son bien ; on
trouvera à l'inventaire de nombreux actes de vente
passés par lui. On le voit notamment, le 25 mars 1712,
vendre à Jean Frapin père et fils la maison du Rouillis,
à l'exception de la fuie, sur laquelle restera assis et
assigné le fief et justice du dit Rouillis, qu'il se
réserve (8). Il vend également la dîme du Rouillis, le
12 octobre 1713, à Noël Pallu. Celui-ci déclare que
cette acquisition est faite au profit de son gendre
Joseph Torterüe, conseiller du Roi au bailliage de
Chinon, déclaration jugée au bailliage de Loudun, le

(1) Sassay 8. — Cf. cependant Sassay 11 et Sassay 35, pièce 2 ; on
y voit qu'en 1710, les seigneuries du Rouillis et de Basse-Chancelée
appartenaient par indivis à Nicolas de la Chastre, sgr de Sassay, à
Etienne Damours, écuyer, sgr de Boisaujeu, à Madeleine Damours,
fille majeure, sœur d'Etienne, et à dame Françoise Sainson, veuve de
François de la Chastre, conseiller au présidial d'Orléans, mère et
tutrice des enfants mineurs du dit défunt et d'elle. Un acte destiné à
mettre un terme à l'indivision fut passé devant M° Frapin, notaire
royal à Chinon, le 15 mai 1710.

(2) Sassay 18, pièce 33 et 26, p. 6.

(3) Sassay 29, pièce 79.

(4) Sassay 1C.

(5) Sassay 3, pièce 1 (mention).

(6) E 216, pièces 10 et 7.

(7) E 216, pièce 11.

(8) Sassay 20, pièce 41 et 35, pièce 4.

20 juin 1714. C'est ce qui résulte de l'acte de foi et
hommage de Joseph Torterue fait par devant François
Curieux, sénéchal du marquisat de la Motte-Champdeniers, le 20 août suivant (1). L'aveu rendu pour cette
dîme par Joseph Torterue, sgr de Sazilly, est du
23 mars 1719 (2). Dès lors, la dîme du Rouillis cessa
d'être annexée au fief du même nom et elle fut possédée par la famille Torterue de Sazilly jusqu'à la
Révolution.

Nicolas de la Chastre vivait encore en janvier et
février 1716 (3); il mourut peu après laissant ses
affaires très embrouillées. Etienne Damours, écuyer,
s. de Boisaujeu, conseiller au bailliage et siège présidial de Bourges, fut, sous bénéfice d'inventaire, son
seul et unique héritier, par suite de la renonciation des
autres. Il vendit, le 15 mars 1717, Sassay et le Rouillis
à François de Mondion, chevalier, sgr de Mépieds (4),
moyennant 9,000 livres destinées à désintéresser les
créanciers de Nicolas (5).

François de Mondion posséda ce domaine jusqu'à sa
mort; il paraît dans de nombreux actes de 1731 (6) et
vivait probablement encore au commencement de
1732 (7). Il était décédé avant le 4 août de cette année,
laissant veuve sa femme Suzanne des Roches, chargée
de la garde-noble de ses enfants (8). Elle est encore
qualifiée dame de Sassay en 1753 et était morte en

(1) E 216, pièce 12.
(2) E 216, pièce 13.
(3) Sassay 22, pièce 24 et Sassay 30, pièce 23.
(4) Fils de Charles-Auguste de Mondion, sgr de Mépieds, cne de
Ceaux (Vienne), et de Marie Dumont (Carré de Busserolle, *Dictionnaire*, t. IV, p. 243 ; Beauchet-Filleau, *Dictionnaire des familles de
l'ancien Poitou*, 1re édit., t. II, 1840-1854, p. 392).
(5) Sassay 12, pièce 1.
(6) Sassay 17, pièce 106 ; Sassay 20, p. 49 ; Sassay 29, p. 86 ; etc.
(7) Sassay 36, pièce 11.
(8) Sassay 36, pièce 13.

1760 (1). En cette année et l'année suivante, son fils
François de Mondion (alias, François-Adolphe) est qualifié sgr de Sassay, le Rouillis et le Raineau (2). Il
vendit cette terre le 26 janvier 1762 à messire Fortuné
Bouin de Noiré, écuyer, prêtre, chanoine de Saint-
Mexme de Chinon, qui en prit possession le lende-
main ; la vente fut faite pour 15,840 livres (3). La
pièce la plus récente des Archives inventoriées ci-
dessous est de 1790, elle nous montre l'abbé de Noiré
faisant un accord avec la municipalité de Ligré au sujet
du banc de Sassay dans l'église du dit Ligré (4).

L'abbé de Noiré laissa le château de Sassay à son
petit-neveu Armand de Ruzé, comte, puis marquis
d'Effiat, qui fut maire de Chinon sous la Restaura-
tion (5). Le général Dujon, parent du marquis d'Effiat,
hérita de Sassay ; cette terre fut ensuite vendue à
M. de Pascal. qui la céda lui-même à la famille de
Saint-Exupéry.

Comme conséquence du droit de haute, moyenne et
basse justices que possédait la terre de Sassay, il y
avait un sénéchal chargé de l'administration de la justice. Les pièces inventoriées ci-dessous permettent de
citer les noms suivants des titulaires de cette charge (6):

(1) Sassay 22, cote 25.
(2) *Ibidem.*
(3) Sassay 14, pièces 1 et 2.
(4) Sassay 33, pièce 51.
(5) Jean-Louis-François Bouin de Noiré, sgr de Chezelles, etc.,
maire de Chinon (et non de Tours) en 1765, frère de l'abbé, épousa le
24 avril 1758 (Tours, par. Saint-Pierre-le-Puellier) Claude-Madeleine
Moisant, dont il eut Madeleine, mariée le 20 mai 1779 (Tours), à
Benoît-Jean-Gabriel-Armand de Ruzé, comte d'Effiat ; elle mourut
en mai 1792 à Aix-la-Chapelle, laissant un fils Armand, né à Tours,
paroisse Saint-Venant, le 6 septembre 1780 (Cf. Beauchet-Filleau,
Dictionnaire des Familles du Poitou, 2ᵉ édition, t. 1, p. 678; C. de Busserolle, *Armorial de Touraine,* p. 166 et 1057, et Etat-civil de Tours).
(6) On peut signaler aussi Jacques Cailler, sénéchal du Rouillis,
en 1513 (Sassay 21, p. 1).

1528-1531. — Jacques Juete, bachelier ès droits, sénéchal des terres et seigneuries de Sassay, le Rouillis et Chancelée (Liasse 28, pièce 3 ; liasses 1 et 2).

1541-1545. — Guillaume Le Sueur, licencié ès lois (Liasse 21, pièce 3 ; l. 17, p. 1 ; l. 29, p. 3).

1574. — Guillaume Parent (?), expédiant pour l'absence de M. le sénéchal (Liasse 20, p. 1).

1587-1588. — Yves Lenain, licencié ès lois (Liasse 29, pièce 4 ; l. 19, p. 3 ; l. 21, p. 6, 7 et 8 ; l. 24, p. 1 et 2, etc.) (1).

1666. — Louis Dusoul l'aîné (Liasse 4).

1726-1727. — Jean-François Métayer, avocat en Parlement (Liasse 17, p. 96 ; l. 28, p. 16 ; l. 16, p. 19 ; l. 19, p. 47 ; etc.).

Voici aussi quelques noms des curés de Ligré :

François Mahiet, 1671-1680 (Liasse 7, pièce 2, fol. 3 et 15).

René Drouin, 1700 (Liasse 9).

Jacques Cicault ou Sicault, 1705-1707 (Liasse 29, p. 79 ; l. 30, p. 32) ; il était mort en 1719 (Liasse 28, p. 18).

Victor Berthereau, 1742 (Liasse 29, p. 124).

Citons également dans l'ordre chronologique les noms suivants :

Charlot Becdelièvre, procureur de noble et puissant sgr messire Pierre d'Oriole, 1478 (Liasse 28, p. 3).

Michel Lemasle, secrétaire du Roi, prieur des Roches-Saint-Paul, 1627 (Liasse 31, p. 4).

Jean Bridonneau, s. des Bretinières, conseiller du Roi, élu en l'élection et grenier à sel de Chinon, fils de feu maître François Bridonneau, président en la dite élection, 1695 (Liasse 18, p. 33).

Thomas Archambault, s. de Ligré, 1696 (Liasse 16).

---

(1) On trouve un Yves Lenain, sénéchal de la seigneurie de Vougnet, en 1604 (Liasse 30, p. 3).

Paul Briant, curé de Rivière, 1726 (Liasse 22, p. 21).

Le s. de Narcé et la dame son épouse, héritière de Mᵉ François Drouin, s. de l'Olive, son père, conseiller royal au siège de Chinon, 1712 (Liasse 35, p. 4).

Pierre Daguindeau, prêtre, bachelier en théologie, conseiller au siège royal de Chinon, 1719 (Liasse 28, p. 18).

Louis Bouin, sgr de Noiré, conseiller du Roi, lieutenant général de Chinon, 1734 (Liasse 17, p. 106).

Charles Lebreton, s. de la Bonnelière, conseiller du Roi, lieutenant particulier criminel et assesseur au siège royal de Chinon, 1726 (Liasse 32, p. 4).

Louis Grelet, prêtre, curé de Rivière, 1732 (Liasse 33, p. 23). Fils de Jean Grelet, meunier, il était en 1705, étudiant en théologie à l'Université de Poitiers (Liasse 33, p. 21 et 22). Sa pierre tombale existe encore dans l'église de Rivière, nous en avons récemment publié l'inscription (1) ; il mourut âgé de 66 ans, le 31 août 1748.

Signalons aussi plusieurs pièces relatives aux familles de Villiers, de la Roche-Vernay, de Marcé, de Renazé, de Mausson, Gilloire de Lépinaist, etc. ; on les trouvera ci-dessous à l'inventaire.

On remarque qu'en 1664 un notaire juré en la cour du Roi à Chinon réside à Ligré (Liasse 19, p. 22). Mentionnons également l'existence au xviᵉ siècle d'un boisseau particulier au Rouillis (Liasse 3, pièce 1, fol. 1).

---

(1) *Bulletin de la Société archéologique de Touraine*, t. XIII, p. 562. Il avait succédé comme curé de Rivière, en 1727, à Paul Briant, cité ci-dessus (Etat-civil de Rivière) ; ce dernier, tout en renonçant à la cure, resta cependant prieur de Rivière, et est encore qualifié ainsi en 1732 (Liasse 17, p. 107).

INVENTAIRE

Sassay 1 (Registre). — In-folio, 120 feuillets, papier.

1531. — Terrier des seigneuries de « Saçay et du Rouillis », dressé par Jacques Juete, bachelier ès droits, avocat au siège royal de Chinon et sénéchal des dites terres et seigneuries, en vertu des lettres du roi François Ier (transcrites fol. 1 et suiv.) accordées à Charles de Varie, écuyer, « seigneur de Lisle-Savary et du Rouillis, Saçay et Chantellé en Touraine et des fiefs et seigneuries de.... et Feullarde assis en Berry », panetier ordinaire du Roi et « cappitaine de Mortaigne »; ces lettres données à Paris le 21 février 1531, n. st. Parmi les tenanciers on trouve : Jean Perrinelle (fol. 9), messire Pierre Courtillier, prêtre (fol. 21, 22, 57), Martine Halberde, fille de feu Jean Halberd l'aîné (fol. 44 v°), Jean Peletereau, etc. (fol. 60 v°), honorable homme Guillaume Dacy, marchand, demeurant à Chinon, à cause de Marguerite Bellefille, sa femme (fol. 71 v°), « René Lescureul, escuier, parroisse de Ligré, et Jehan Poirier, mareschal, parroissien de Nostre-Dame de Champigné, à cause de leurs femmes » (fol. 78 v°), « honnorable homme et saige maistre Anthoine Ribot le jeune, licencié ès loix, advocat au siège royal de Chinon » (fol. 81 v°), le curé de Ligré, comparant par messire Jacques Foucher, prêtre, son procureur et vicaire de la dite paroisse (fol. 91 v°), messire Jean Desmé, prêtre (fol. 117), etc.

Sassay 2 (Registre).—In-folio, 174 feuillets, papier.

1531. — Copie sans date du terrier ci-dessus inventorié.

Sassay 3 (Liasse). — 4 pièces de 2, 8, 4 et 2 feuillets, papier.

1545-1735. — Etat des titres qui sont au trésor de Chinon concernant le château et seigneurie de Sassay, le Rouillis et le Raineau, les titres indiqués sont compris entre 1545 et 1703 (n° 1). — Copie de deux aveux rendus au Roi par « Charles de Varye, chevalier, sgr de l'Isle-Savary, Saczay et du Roullis », panetier ordinaire du Roi, capitaine de « Morting », à cause du château royal de Chinon : 1. de la maison, terre, fief, justice haute, moyenne et basse et seigneurie de Sassay tenus à foi et hommage simple et à un marbotin d'or, équivalent à une maille d'or, à muance d'homme ; 2. de la maison, terre, fief, justice haute, moyenne et basse et seigneurie du Rouillis tenus à foi et hommage simple à une maille d'or à muance d'homme ; l'un et l'autre fief situé paroisse de Saint-Martin de « Ligray » ; les deux actes du 5 décembre 1547, témoins nobles hommes François de Saint-Jullian, écuyer, sgr de Luzeret et Christophe de Lisle, écuyer, sgr de la Bauldrière. Copie faite en 1735 et collationnée à l'original étant en la Chambre des comptes de France à la demande de la dame veuve de Mondion (n° 2) — « Mémoire consernant la terre de Sassé, le Rilly (*sic pour* Rouilly) et Basse-Chancellée » de 1582 à 1646 (n° 3). — Donation entre vifs (13 septembre 1647) faite par Louis de la Brosse, écuyer, s. du Poirier et dam^{lle} Gilberte de Varye, son épouse, à René de la Chastre, écuyer, conseiller du Roi, trésorier général de France à Bourges, entre autres choses des terres et seigneuries de « Sacé, le Roulis, Basse-Chancelée et le Resneau », adjugées à la dite dam^{lle} de Varye par arrêt du Parlement de Paris du 18 mai 1646 ; donation faite avec réserves de la moitié de l'usufruit, la vie durant des donateurs, etc. (n° 4).

Sassay 4 (Registre). — In-folio, 20 feuillets, papier.
1666. — « Papier d'assise des fiefs, terres et seigneuries de Sassay, le Rouillis et Basse-Chancellée »
(1er mars-17 décembre 1666); Louis Dusoul l'aîné étant
sénéchal et juge ordinaire des dites seigneuries, pour
M. René de la Chastre, écuyer, trésorier général de
France à Bourges; Me Jacques Daguindeau, avocat à
Chinon, étant procureur fiscal des dites seigneuries.

Sassay 5 (Pièce). — In-folio, 54 pages, parchemin.
1667, 14 novembre. — Partage entre Nicolas de la
Chastre, écuyer, sieur des Varroux, René de la Chastre,
sieur des Fniaux, damoiselle Marie de la Chastre, majeurs, François de la Chastre, sieur de la Bafarderie, et
Jean de la Chastre, sieur d'Avoil, de la succession de
René de la Chastre, écuyer, seigneur de Sassay, vivant
conseiller du Roi, trésorier général des finances en la
généralité de Languedouy établie à Bourges et de
damoiselle Catherine Girard, sa femme. Pour apaiser
leurs différends et assoupir le procès commencé, les
dits enfants ont choisi pour arbitres Louis Foucault (?),
écuyer, sgr de Chambon et de Saint-Just, conseiller
du Roi, trésorier général des finances à Bourges et
Robert Hodeau, écuyer, seigneur de Tronçay. René et
Marie renoncent à la terre de Sassay, qui leur avait été
donnée par le testament de leur père; Nicolas et François de la Chastre prennent dans leur lot pour 70,000
livres, dont chacun pour une moitié, « les terres et seigneuries de Sassay, le Roulys, Basse-Chancellée et le
Raisneau », ainsi que défunt René de la Chastre père
les a acquises de défunt Louis de Labrosse et de
damoiselle Gilberte de Varrye et comme en jouit à
présent maître Claude Dusous (ou plutôt Dusoul) (1),
fermier. Les trois autres lots sont tirés au sort par

(1) Cf. Sassay 18, pièces 24 et 25.

« Pierre Gorjeon, pauvre garson trouvé par les rues et appelé par les sieurs arbitres ». Dans le troisième échu à René de la Chastre se trouve le lieu et métairie des Varroux pour 8,000 livres ; dans le quatrième à Jean de la Chastre le lieu et métairie d'Avoil estimé 8,000 l.. la maison d'Issoudun 1,200 livres et le logis vulgairement appelé la Voulte-Cheverier 800 livres ; dans le cinquième à Marie de la Chastre le lieu et métairie des Fniaux estimé 12,000 livres. René et Nicolas rendent compte de leur gestion de la succession.

Sassay 6 (Pièce). — In-folio, 24 feuillets, parchemin.

1670, novembre. — Procès-verbal de distraction de la terre et seigneurie de Sassay par devant le lieutenant général du bailliage de Berry. François de la Châtre a dans son lot : 1. les fief, justices haute, moyenne et basse de Sassay, le châtel de Sassay, etc., non compris les fief du Resneau et droits honorifiques qui sont en conteste ; 2. une métairie appelée la Basse-Chansellée, située paroisse de Rivière ; 3. diverses frèches, rentes, etc. Quant à Nicolas de la Chastre, il lui reste le lieu, fief, justice et seigneurie du Roullis, etc. — Cet acte contient un inventaire des papiers concernant la terre de Sassay laissés entre les mains de Nicolas de la Chastre.

Sassay 7 (Liasse). — 3 pièces de 8, 18 et 15 feuillets, parchemin et papier.

1674-1683. — Accord entre Nicolas de la Chastre, écuyer, s. du Rouillis, et François de la Chastre, écuyer, s. de Sassay, au sujet de nouvelles difficultés pour la succession de leurs père et mère (31 janvier 1674) ; parchemin. — Sentence arbitrale rendue par Pierre Petit, écuyer, s. du Pré, conseiller du Roy au bailliage de Berry et siège présidial de Bourges et

Gaspard Thomas de la Thomacier (*sic*), écuyer, s. du Puyferand,,avocat en Parle·ent, entre les mêmes ; le s. du Rouillis est notammert condamné à rembourser au s. de Sassay une dîme payée à Mᵉ François Mahiet, prêtre, curé de Ligré (13 juillet 1680) ; papier. — Arrêt rendu entre les mêmes sur les mêmes différends (2 septembre 1683) ; parchemin.

SASSAY 8 (Pièce). — 22 feuillets, papier.

1694, 5 mai. — Partage que fait Nicolas de la Chastre, écuyer, seigneur de Sassé, fils aîné et principal héritier de feu François de la Chastre, vivant écuyer, seigneur du dit lieu et de dame Marie Renazé, son épouse, à Joseph de la Chastre, écuyer, s. du Rouillis et demoiselle Marie de la Chastre, ses frère et sœur puînés, du tiers des biens délaissés par les dits sieur de la Chastre et dame Renazé, leurs père et mère communs, dont il appartient, selon la Coutume, au dit sieur Nicolas de la Chastre les deux tiers des dits biens et le principal manoir (la maison et châtel de Sassé) avec son chezé (trois arpents de terre autour du dit châtel).

SASSAY 9 (Liasse). — 3 pièces de 2, 4 et 4 feuillets, papier.

1700. — Requête de Nicolas de la Chastre, chevalier, seigneur de Sassay, à NN. SS. les trésoriers généraux de France au bureau général des finances de la généralité de Touraine, pour changer un chemin d'adresse passant devant la maison de Sassay et pouvoir ainsi se renfermer par une avant-cour au-devant de la porte de la dite maison. — Procès-verbaux des assemblées des habitants des deux paroisses au-dessus et au-dessous du dit chemin : la Roche-Clermault et Ligré. A la Roche-Clermault comparaissent : Pierre Daguindeau, prêtre, curé de la paroisse, René Guillot,

procureur syndic, Charles de la Barre, chevalier, seigneur de Chargé-Contré, etc. ; à Ligré : René Droüin,
prêtre, curé de la paroisse, Philippes de Mosson,
écuyer, sieur de Vougnet, Pierre Chesnon, sieur du
Réneau, procureur fabricier, Martin Garnier, marchand, syndic, Charles Guenon, sergent royal, etc.

Sassay 10 (Pièce). — 4 feuillets, papier.

1703, 6 juillet. — Copie de l'aveu rendu par Nicolas
de la Chastre, chevalier, sgr de Sassay, du Rouillis
et du Rayneau, à Armand-Jean Duplessis, duc de
Richelieu et de Fronsac, seigneur et propriétaire in-
commutable des domaines et comté de Chinon, à titre
d'échange fait avec Sa Majesté, pour : 1° la maison,
fief, justice haute, moyenne et basse de Sassay, paroisse de Ligré, etc., relevant du comté et châteaux de
Chinon, à foi et hommage simple, à une maille d'or à
muance d'homme ; 2° la métairie de Sassay ; 3° le fief
volant du Rayneau, étant sans maison, situé dans la
paroisse de Saint-Jacques de Chinon, s'étendant dans
l'étendue de sept arpents seulement, duquel sont les
sieurs Daguindeau, Baudouin et quatre autres particuliers, relevant du fief de Sassay à foi et hommage
simple ; 4° le fief des Jouisses, relevant de Sassay, à
droit de basse justice seulement et de sept sous six
deniers de redevance annuelle et autres droits men-
tionnés aux aveux que rend au dit de la Chastre Philippe de Mausson, écuyer, sgr du dit fief ; 5° la maison
fief, justice haute, moyenne et basse du Rouillis, paroisse de Ligré ; 6° sa chapelle étant au côté droit du
chœur de l'église de Ligré ; 7° les deux métairies du
Rouillis, l'ancienne et la nouvelle ; etc.

Sassay 11 (Pièce). — 14 feuillets, papier.

1710, mai. — Estimation par Nouel Pallu, marchand, et Pierre Cousin, notaire royal à Chinon, des

maisons et seigneuries du Rouillis et Basse-Chancellée,
appartenant à MM. de la Chastre de Sassay et Damours
et à dame Françoise Sainson, veuve de M. François
de la Chastre, vivant conseiller au présidial d'Orléans,
comme mère et tutrice de ses enfants ; acceptation de
la dite estimation par Etienne Damours, écuyer, sieur
de Boisaujeu, tant en son nom que comme fondé de
procurations de damoiselle Marie-Madeleine Damours,
fille majeure, sa sœur, et de la dite dame Sainson, tutrice
de ses enfants, et par Nicolas de la Chastre, écuyer,
sieur de Sassay ; biens choisis par le dit Damours
(Cf. Sassay 35).

Sassay 12 (Liasse). — 4 pièces comprenant : la pre-
mière 61 feuillets dont les 16 premiers en parchemin,
le reste en papier ; les trois autres 68, 2 et 6 feuillets
en papier.

1717-1720. — Etienne Damours, écuyer, conseiller
au bailliage et siège présidial de Bourges, seul et
unique héritier par bénéfice d'inventaire de Nicolas de
la Chastre, écuyer, sieur de Sassay, au moyen de la
renonciation faite à sa succession par Nicolas de la
Chastre, écuyer, sieur du Rouillys, par dame Françoise Sainson, veuve de François de la Chastre, écuyer,
conseiller au Châtelet d'Orléans, mère et garde-noble
de damoiselles Françoise et Marie de la Chastre, par
damoiselle Madeleine Damours, fille majeure, et par
Berthélemy Thoinard, écuyer, sieur des Touches,
vend, moyennant 9,000 livres, à messire François de
Mondion, chevalier, sgr de Mépied, demeurant au
château de Mépied, paroisse de Saint-Marsolle : 1° la
terre et seigneurie de Sassay, relevant à foi et hommage des châteaux de Chinon, au devoir d'une maille
d'or à chaque mutation ; 2° le fief de Rouillys, relevant pareillement des dits châteaux ; 3° la maison et
métairie située au village de Rochepicher, étant partie

au fief des Roches-Saint-Paul, partie au fief de Némans.
L'acquéreur devra payer, en déduction du prix ci-
dessus, divers créanciers de la succession, notamment :
M⁶ François Lebreton, procureur du Roi à Chinon ;
M⁶ Antoine Farouelle, notaire et procureur de la
baronnie de Saint-Michel-sur-Loire ; M⁶ Philippe
Renault, avocat en Parlement ; damoiselle Marie-Mar-
guerite Ferrand, veuve de Simon Testefort, procureur
au parlement de Paris ; M⁶ François Gilloire, avocat ;
dame Marguerite-Henriette de Villiers, veuve de
Nicolas de la Châtre, s. de Sassay ; etc. La dite dame
consent à la vente et garantit l'acheteur (15 mars 1717).
A la suite, se trouvent les quittances des créanciers. —
Procès-verbal de visite du château de Sassay, etc.
(23 et 24 mars 1717). — Quittance donnée à François
de Mondion par divers ouvriers, pour réparations faites
à Sassay (24 décembre 1717). — Quittance finale de
M.-H. de Villiers, veuve de Nicolas de la Chastre, à
François de Mondion (26 juillet 1720).

Sassay 13 (Pièce). — 8 feuillets, papier.
1737, 7 mai. — Copie de la déclaration rendue par
Nicolas de Mondion, chevalier, seigneur de Coémé, y
demeurant, paroisse de Marçay, à Mgr le duc d'Orléans,
sgr de Champigny-sur-Veude, Vougnet et autres lieux,
à cause de son fief du dit Vougnet, paroisse de Ligré.
Parmi les biens déclarés se trouvent : la maison et
métairie de la Chesnaye, au village de Montiallay, dite
paroisse de Ligré, la maison et métairie de la Croix-
Hubert, etc.

Sassay 14 (Liasse). — 3 pièces de 37 et 6 feuillets,
papier, et de 12 feuillets, parchemin.
1762-1766. — Prise de possession de la terre et seigneurie de Sassay, par messire Fortuné Bouin de Noiré,
écuyer, prêtre, chanoine de Saint-Mexme, sgr du Gué,

Bois-Turbé et autres lieux (27 janvier 1762), qui
l'avait acquise, la veille, de messire François-Adolphe
de Mondion, chevalier, sgr de Sassay, et procès-verbal fait par experts de l'état du château et domaine. —
Etat fourni par le sieur abbé Bouin, pour compter
avec M. de Mondion (9 mars 1766). — Sentence rendue entre l'abbé Bouin et M. de Mondion, au sujet
des contestations nées de la vente de Sassay, par Pierre
Renault-de-Tertifume, conseiller honoraire et ancien
avocat du Roi au bailliage de Chinon, et Pierre-
François Duclos, avocat en Parlement et exerçant au
dit bailliage, arbitres choisis par les parties (22 mars
1766).

SASSAY 15 (Liasse). — 31 pièces, papier, numéro-
tées 1 à 30 et 16 *bis*.

Fin XVIIIe s. — Diverses listes des noms des cantons
du fief du Sassay. — Table alphabétique des noms des
censitaires de Sassay. — Table alphabétique des pro-
priétaires des rentes sur domaines, dans l'étendue
du fief de Sassay et du Rouillis, suivant les déclarations rendues depuis 1720 par les possesseurs des fonds.
— Relevé, par ordre alphabétique, des particuliers qui
ont acquis dans la mouvance du fief de Sassay, dont
les contrats sont enregistrés, avec la distinction
des lods et ventes touchés par M. l'abbé Bouin, et par
Me Desnoyers. — Plusieurs relevés des ventes faites
dans le fief de Sassay, etc., de 1732 à 1788. — Table
des déclarations et contrats fournis au fief de Sassay,
par ordre alphabétique (C'est l'inventaire des pièces
contenues dans les liasses 16 à 32 ; plusieurs des dates
qui sont portées à cet inventaire sont fautives).

SASSAY 16. — 32 pièces, papier, cotées anciennement 1 à 20.

1515-1761. — Déclarations et contrats fournis au

fief de Sassay, lettre A. — « C'est la déclaration des choses héritaulx et dommaines que la veufve feu Antoyne Guyton, Jehan Angeleaume, Jehan Guyton et Estienne Bouchet tient et advouent à tenir ou fief, terre et seigneurie du Rouillys et de Saçay », 1515 (cote 1).— Diverses déclarations de la famille Arthault. — Déclaration de Thomas Archambault, sieur de Ligré, 1696 (cote 13).— (Pour les pièces concernant la famille Arvers, cf. Sassay 34.)

SASSAY 17. — 4 pièces parchemin et 132 pièces papier, cotées 1 à 119, la pièce cotée 2 manque.

1526-1787. — Déclarations, etc., lettre B. — « C'est la déclaration des domaines et héritages que Grégoire Jehanneaux et Jehan Baudoin, son gendre, dit et avoue tenir en fief, terre et seigneurie du Rouillis et Sassay », 1543 (cote 1). — « C'est la déclaration des chouses héritaulx que Jehan Berruier, fils déf. Gillet Berruier, tient et advoue à tenir ou fief, terre et seigneurie du Roullys », 1526 (cote 4). — « C'est la déclaration que faict et baille honneste femme Renée Martin, veuve de deffunct Mᵉ René Senard (et non Besnard), vivant notaire en la court de la chastellenie de Marsay... », 1613 (cote 8).— « C'est la déclaration que faict et baille honneste personne Pierre Bouin, marchent, demeurent au village du Rouillye... », 1613 (cotes 25 et 26). — Déclaration d'honnête personne Antoine Bottreau l'aîné, laboureur, demeurant paroisse de Ligré, de ce qu'il tient dans le fief, terre et seigneurie du prieuré des Roches-Saint-Paul, 1676 (cote 70). — Déclaration d'honnête personne Pierre Bouchet, 22 juillet 1588 (cote 91). — Partage de la succession de défunte Vincente Bertrand, femme de Michel Bertin, 1720 (cote 93). — Déclaration de René Bourau, avocat et procureur au siège royal de Chinon, 1727 (cote 103). — Déclaration féodale rendue par Mᵉ Paul Briant, prêtre, prieur de Rivière, 1732 (cote 107). — Déclaration féodale de Mᵉ Agnan Baudouin, conseiller du Roi et son procureur au siège royal de l'élection de Chinon, 1784 (cote 115).

Sassay 18. — 7 pièces parchemin et 57 pièces papier, cotées anciennement 1 à 57.

1570-1786. — Déclarations, etc., lettre C. — Déclaration de Gabriel Chastry et autres, 1570 (cote 1). — Extrait de la conférence de la frèche des Courtilliers, 1609 (cote 6).—Déclarations féodales de Pierre Cousin, sergent royal, 1666 (cote 23) et 1676 (cotes 26 et 29). — Vente par Nicolas de la Chastre, seigneur de Sassay, à maître François Drouin, sieur de Lollive, conseiller du Roi au siège de Chinon, d'une rente noble foncière et féodale de 17 septiers de froment et 5 chapons, 1695 (cote 33). — Déclaration féodale de demoiselle Françoise Archambault, veuve de Mᵉ Jean Lecourt, notaire royal à Chinon, 1760 (cote 51). — Cession par Urbain Senard à Jean Champigny, d'une écurie, etc., au canton des Hormeaux (*sic*), paroisse de Ligré, 1773 (cote 53).

Sassay 19.— 5 pièces parchemin et 65 pièces papier, cotées anciennement 1 à 62.

1523-1785. — Déclarations, etc., lettre D. — Déclarations de Simon Desmé, 1523 (cote 1) ; de Jehan de la Cheze, 1527 (cote 2) ; d'honnête femme Catherine Brezeau (?), veuve de Mᵉ Gilles Deville, vivant sergent royal, 1666 (cote 27). — Pièce concernant la frèche des Doussins, relevant de la seigneurie de la Rajace, 1693 (cote 36). — Procédure entre le procureur de Sassay et du Rouillis et le sieur Delavau, sgr de la métairie du Petit-Sassay, paroisse de la Roche-Clermault, 1727 (cote 47). — Vente par messire François, chevalier marquis de Beauvau, et dame Louise de la

Baume Le Blanc, son épouse, demeurant en leur
château de Beugny, paroisse de Saint-Benoist-de-
Lacmort, du lieu et métairie des Hautes-Auges, situé
paroisse de Saint-Martin de Ligré, dans le fief de la
seigneurie de Sassay, à Mᵉ Jacques Daguindeau, avocat
au siège royal de Chinon, à Mᵉ Guillaume Daguindeau,
son frère, aussi avocat au dit siège, et à Marie Dusoul,
femme du dit Jacques, 14 août 1655 (cf. Sassay 36);
vente du même lieu par demoiselles Marie Daguindeau
et Jeanne Daguindeau, filles majeures, [dites aussi
Mˡˡᵉˢ Daguindeau de la Grille], à maître François
Perrault, sgr de Minière, conseiller du Roi, président
lieutenant général au bailliage et siège royal de Chinon,
13 décembre 1719 (cote 52). — Vente d'une rente
foncière par Nicolas de la Chastre, écuyer, s. de Sassay,
à Jean Daguindeau, écuyer, s. de Gros-Buisson, conseiller du Roi, prévôt des maréchaux de France en la
maréchaussée de Chinon, 31 décembre 1705 (cote 60).

Sᴀssᴀʏ 20. — 4 pièces parchemin et 67 pièces
papier, cotées anciennement 1 à 64.

1574-1785. — Déclarations, etc., lettre F. — Déclarations d'honorable femme Marie Bodeau, femme de
Mᵉ René Foussard, sergent royal, 1613 (cote 4); de Perrine Brizeau, veuve de Jean Frappin, sieur du Coulonbier,
1665 (cote 13); d'honorable homme Guillaume Frapin,
marchand, 1666 (cote 17). — Vente par damoiselle
Jeanne Frappin, veuve de Joseph Néron, s. du Marays,
à Jean Frappin, marchand, d'une pièce de terre au
lieu appelé le Bourjoly, étant au fief et seigneurie de la
Rajace, 1675 (cote 24). — Déclaration de Mᵉ Jean Four-
nier, prêtre, curé de Saint-Mexme de Chinon, 1676
(cote 32). — Vente par Nicolas de la Chastre, écuyer,
s. de Sassay, à Jean Frapin, marchand à Ligré, et
Jean Frapin, son fils, notaire à Chinon, de la maison
du Rouillis, 25 mars 1712 (cote 41). — Déclarations

féodales de maître Jean Frapin, notaire royal à Chinon, 1723 (cote 42); de damoiselle Anne Morin, veuve de maître Jean Frapin, 1729 (cote 49); de François Lhermitte, journalier, 1767 (cote 55). (Cf. Sassay 35.)

Sassay 21. — 4 pièces parchemin et 104 pièces papier, cotées anciennement 1 à 76, plus 63 *bis*.

1513-1788. — Déclarations, etc., lettre G. — Déclarations des héritiers de feu Jehan Guespin et d'Anthoinette, sa femme, 1513 (cote 1); de François Gaudyn, 1541 (cote 3). — Bail à rente par Michau Cartier, à cause de sa femme Françoise Guespin, à René Guespin, apothicaire à Saumur, passé en la cour temporelle à Chinon de l'archevêque de Tours, 1549 (cote 4). — Vente par Nicolas de la Chastre, s. de Sassay, à Marguerite-Henriette de Villiers, son épouse, de la maison et métairie du Pressoir [le Pressoir-Phelipot], 1708 (cote 46; cf. cote 45). — Déclaration de dame Marie Guérin, veuve de maître Jean Gibert, conseiller avocat du Roi au siège royal de Chinon, 1728 (cote 60). — Vente par Etienne Martin, et Perrine Hubert, sa femme, à maître François Gilloire, s. de Lépinais, avocat aux bailliage et sièges royaux de Chinon, 1730 (cote 63). — Cession et transport par Nicolas de la Chastre, écuyer, s. de Sassay, à Me François Gilloire, avocat au siège royal de Chinon, d'une rente foncière de 10 livres, 1707 (cote 63 *bis*; cf. Sassay 24, cote 33). — Déclaration de maître Michel Grillon, conseiller du Roi, contrôleur au grenier à sel de Chinon, 27 août 1733 (cote 64). — Vente par messire Charles-Armand de la Roche, chevalier, sgr de Morin et de Vernay, et dame Marie-Henriette de Mausson, son épouse, à Me Michel Grillon, de la maison et métairie du Pressoir-Phelipot (28 février 1733), ainsi qu'en ont joui : 1° Me Bernard de Renazé, conseiller du Roi, lieutenant en l'élection de Chinon et

son épouse, par contrat de 1656 ; 2° Nicolas de la
Chastre, par acquisition de sa mère, en 1695 ; 3° dame
Marguerite-Henriette de Villiers, par acquisition de
son mari Nicolas de la Chastre, en 1708 (cf. cotes 45
et 46); 4° damoiselle Henriette de Massigny, par
acquisition de Mre Marie-Jacques de Villiers, chev.,
sgr de Riou et du Teil, en 1730; 5°. les dits sieur et
dame de la Roche, par retrait lignager, sous le nom
d'Armand-Henry de la Roche-Vernay, éc., leur fils,
sur Mre Louis-François-Henry de Marcé, chev., sgr de
la Pouplinière et la dite dame de Massigny, son
épouse (cote 65). — Bail à titre de rente foncière d'une
pièce de vigne, etc., par M° Martin Gaudichon, avocat au Parlement, conseiller-secrétaire de M^e l'abbesse
et ordre de Fontevrault, à Vincent Malecot, laboureur, 1734 (cote 66). — Déclaration féodale au fief,
terre et seigneurie des Roches-Saint-Paul que rend
Jacques Guertin, garçon meunier, demeurant paroisse
de Ligré, pour une maison située au lieu appelé la
Harnaudière, autrement la Mollière, dite paroisse, 1783 ;
d'après une note, cette maison relève de Sassay et non
des Roches (cote 76).

SASSAY 22. — 51 pièces papier, cotées anciennement 1 à 32.

1613-1785. — Déclarations, etc., lettre H. Tous les
actes sauf un (cote 4) concernent des personnes nom-
mées Hubert. — Déclarations d'honnête personne
Robert Hubert, laboureur, 1613 (cote 1) et 1622
(cote 2); d'honnête personne Martin Hion, laboureur,
1638 (cote 4). — Déclaration que fait honnête personne
Antoine Hubert, journalier, des choses héritaux qu'il
tient au fief et seigneurie du prieuré des Roches-
Saint-Paul, 1676 (cote 9). — Bail à rente par maître
Berthélemy Néron, s. des Marais, capitaine du château de Champigny et fermier général de ses dépen-

dances, à Antoine Hubert, laboureur, et sa femme, d'une pièce de bois aux Bois-Bertin, autrement la Poublaie, paroisse de Ligré, étant au fief de Vougnet, 1717 (cote 19).

Sassay 23. — 13 pièces papier, cotées anciennement 1 à 13.

1607-1785. — Déclarations, etc., lettre J ; presque tous les actes concernent des personnes du nom de Joubert ou de celui de Juette — Vente d'une rente par Nicolas de la Chastre, écuyer, sieur de Sassay, etc., à maître Pierre Joulin, s. de Painperdu, conseiller du Roi, lieutenant en l'élection de Chinon, 1696 (cote 6). — Déclaration de Jean Juette, garçon, demeurant chez M. Torterüe de Langardière à Chinon, 1785 (cote 13).

Sassay 24. — 49 pièces papier, cotées anciennement 1 à 51, manquent les anciennes cotes 31, 38, 39, 47 et 48.

1588-1785. Déclarations, etc., lettre L. — Déclarations de René Laurant, 1588 (cote 1); de Vincent Lhuilier et Méry Desvignes, 1588 (cote 2). — Amortissement par François Robert, s. de la Treille, marchand à Chinon, de sa part dans la rente appelée la frèche des Petits-Guespins, 3 mars 1704 et acte par lequel Pierre Lhuillier, laboureur, se charge de continuer la rente, 10 mars 1704 (cote 25).

Sassay 25. — 1 pièce parchemin et 67 pièces papier, cotées anciennement 1 à 47, manquent les anciennes cotes 1, 46 et 47.

1514-1780. — Déclarations, etc., lettre M. — Déclaration d'Antoine, Mathurin et Jean Richer, frères, héritiers de défunt Jean Richer (frèche dite des Richers), 1514 (cote 3). — Déclarations d'honnête

femme Renée Bourassé, veuve de feu Pierre Martin,
1588 (cote 2) et 1603 (cote 4) ; de Mathieu Mauberger,
Mathieu Dubois, Jean Guetté, Rou Bertrand, René
et Louis Boissay, laboureurs, de la veuve François
Diboisne, de Vincende et Fleurance Rou, 1676 (cote 23).
— Vente d'une rente par Nicolas de la Chastre, écuyer,
s. de Sassay, à Martine Maillard, femme de Jean De-
mais, maître chirurgien, 1700 (cote 27). — Déclaration
de Louise Lemaître, veuve de Claude Crestot, exempt
de la maréchaussée de Chinon, 1726 (cote 31). — Extrait du partage de biens de Renée Laurant, veuve de
Jacques Chaveneau, lot échu à Pierre Mauclerc, 1718
(cote 37). — Déclarations du s. René Michau, marchand, fermier de la Rechasse [la Rajace], 1760 (cote
38); de Louis Michau, notaire, 1767 (cote 41). — Cession d'une rente foncière par Etienne de Seguin,
écuyer, s. de Piegou, et dame Marie-Anne Daguindeau
son épouse, à maître Michel Montigny, notaire royal
à Chinon, 15 janvier [1734] (cote 44).

Sassay 26. — 10 pièces papier, cotées anciennement 1 à 9.
1613-1777. — Déclarations, etc., lettre N. — Déclarations d'Urbain Nocqueteau, homme de peine, 1676
(cote 5) ; de Pierre Naudin, nourrissier, demeurant au
Resneau, paroisse de Saint-Jacques de Chinon, 1728
(cote 6) ; de Louise Chaveneau, veuve de Martin Nion,
laboureur (cote 9).

Sassay 27. — Deux pièces papier, cotées anciennement 1 et 2.
1613-1638. — Déclarations, etc., lettre O. — Déclarations d'honnêtes personnes Sébastien Ouvrard et
François Ouvrard, sergetiers.

Sassay 28. — 2 pièces parchemin et 31 pièces papier, cotées anciennement 1 à 27.

1514-1785. — Déclarations; etc., lettre P. — Déclaration des choses héritaux et domaine que Guillaume Prost avoue tenir au fief du Roullys, appartenant à noble Guillaume de Varye, écuyer, s. de l'Isle-Savary, le Roullys et Sassay, 1514 (cote 1). — Déclaration de Jean Parvis, 1516 (cote 2). — Condamnation par le sénéchal de Sassay de Michau Orioust, la veuve d'Antoine Peletereau, et Eustache de la Fontaine, 1528 (cote 3). — Déclarations de Marguerite Pironneau, veuve de René Dreux, 1543 (cote 4) ; de Méry Parvys, 1587 (cote 6) ; de Jean Papin, homme de peine, au nom et comme père vitric [beau-père] de René Botreau, fils mineur de défunt René Botreau et de Jeanne Nigoteau, sa femme, et à présent femme du dit Papin, 1696 (cote 15). — Vente par Jean Pinbert et Claire Drouin, sa femme, Gilles Lemesle et Marie Drouin, sa femme, François et Guillaume Bigot, tous héritiers de maître Jacques Sicault, prêtre, curé de Ligré, à Noël Pallu, de divers biens dépendant de la succession Sicault, 1719 (cote 18). — Vente d'une rente foncière par Nicolas de la Chastre, écuyer, sgr de Sassay, à Noël Pallu, marchand, fermier de la terre et seigneurie du Bois-de-Veude, 1703 (cote 19).

Sassay 29. — 3 pièces parchemin et 160 pièces papier, cotées anciennement 1 à 126, manquent les cotes anciennes 94, 99, 102 et 113.

1545-1787. — Déclarations, etc., lettre R. — Déclarations de Jean Richer le jeune, laboureur, 1587 (cote 1); de Méry Richer, laboureur, 1613 (cote 2); de Geoffroy Richer, 1545 (cote 3); de Louis Robert, vigneron, 1638 (cote 28); de François Raoul, demeurant au village de la Rabotellière, par. de Ligré, 1666 (cote 33); d'Antoine Rou, l'aîné, 1666 (cote 37); de maître Louis Richard, procureur au bailliage de Chinon, pour les biens qu'il possède comme adjudicataire

des biens vendus sur Mᵉ Jean Lemoine, prêtre, cura-
teur des enfants de défunt Urbain Garnier, à la re-
quête de damoiselle Catherine de la Barre, veuve de
Mᵉ Jean Dreux, s. de la Courtinière, 1676 (cote 58) ; de
damˡˡᵉ Marie Boynard, veuve de Mᵉ Charles Robert,
s. de la Treille, 1679 (cote 62). — Vente par Nicolas
de la Chastre au s. François Robert de la Treille,
marchand à Chinon, d'un arpent de pré et terre, 1704
(cote 77).— Vente par le même d'une rente foncière à
Mᵉ Philippe Renault, conseiller du Roi en l'élection
de Chinon, 1704 (cote 79). — Déclarations de maître
Jean-Claude Richard, procureur au bailliage et siège
royal de Chinon, 1728 (cote 104) ; de Mᵉ Claude Richard, enquêteur au bailliage de Chinon et damˡˡᵉ
Louise Lemareschal, son épouse, pour la maison et
métairie de la Poissonnerie, au village du Rouillis
1690 (cote 121), 1696 (cote 122) et 1726 (cote 123). —
Vente de la maison de la Poissonnerie, par Charles
Halbert (*aliàs*, Albert), marchand, et damˡˡᵉ Marie
Richard, sa femme, à Mᵉ Joseph Torterue, sgr de Sa-
zilly, conseiller du Roi au bailliage et siège royal de
Chinon, 1742 (cote 124 ; autre copie liasse 31, cote 8).

SASSAY 30. — 3 pièces parchemin et 45 pièces papier, cotées anciennement 1 à 34, manque la cote ancienne 9.

1589-1787. — Déclarations, etc., lettre S. — Vente
par Jean Secretain, laboureur, et Françoise Grondeau,
sa femme. à Vincent Soreau (*aliàs*, Sorin), laboureur,
d'une maison à la Rabottellière, par. de Ligré, et de divers biens sis au fief de la seigneurie de la Roche-
Clermault et à celui du prieuré des Roches-Saint-
Paul, etc., 1589 (cote 1). — Déclarations de Vincent
Soreau au fief du Rouillis, 1593 (cote 2) ; d'honorable
homme sire Guillaume Savary au fief de Vougnet,
1604 (cote 3) ; de Jehan Savary, marchand droguiste

à Chinon, au fief de Sassay et le Roullis. 1690 (cotes 17 et 18); de honnête femme Renée Martin, veuve de Mᵉ René Senard, notaire en la châtellenie de Marsay, au même fief, 1613 (cote 20; cf. liasse 17). — Vente de deux arpents de bois par messire Nicolas de la Chastre à messire Henri de Sanglier, éc., sgr de Vougnet, 1716 (cote 23). - Déclaration de messire Henri de Sanglier, chev., sgr de Champdoizeau, etc., demeurant en sa maison du Haut-Vougnet, tant en son nom que comme père et tuteur de Jacques-René de Sanglier, fils de lui et de défunte dame Marie-Anne de Mausson, 1729 (cote 30). — Vente par Nicolas de la Châtre à Mᵉ Jacques Sicault, prêtre, curé de Ligré, de la rente foncière des Grands-Guespins et accord au sujet des dîmes, 1707 (cote 32).

SASSAY 31. — 8 pièces papier, cotées anciennement 1 à 7, plus la cote 8 ajoutée lors de l'inventaire.

1539-1742. — Déclarations, etc., lettre T. — Déclaration sans date des biens que tient au fief du prieuré des Roches-Saint-Paul honnête femme Urbaine Desvignes, veuve de Pierre Thourault (cote 1). — Déclaration de Pasquier Tumbereau, 1539 (cote 2). — Décret de la Poissonnerie, 1627, ayant appartenu plus tard à M. Torterue (cote 4). — Vente de la Poissonnerie à M. Torterue de Sazilly, 1742 (cote 8 ; une autre copie liasse 29, cote 124).

SASSAY 32. — 5 pièces papier, cotées anciennement 1 à 4.

1511-1726. — Déclarations, etc., lettre V. — Déclaration féodale des rentes que dame Marguerite-Henriette de Villiers, veuve de Nicolas de la Chastre, chevalier, sgr de Sassay, le Roulis, etc., demeurant à Chinon, tient au fief de Sassay, 1726 (cote 4).

Sassay 33. — 52 pièces papier, cotées 1 à 51 et
6 *bis* (1).

1575-1790. — Conférence de la frèche du Pré-
Marin, 1575 (1 ; titres de la frèche du Pré-Marin,
1699 (2) et de celle des Richers, 1699 (3). — Déclarations féodales de Martin Auger, sacristain de la paroisse de Ligré, 1782 (4) ; de René Barillon, journalier,
1777 (5) ; de Jeanne Bottreau, veuve de Jacques Robert, 1777 (6 ; assignation, 6 *bis*). — Partage de la
succession de Pierre Bouchet et de Marie Hubert, sa
femme, 1729 (7). — Bail par Nicolas de la Chastre à
François Bretin, laboureur, et à Renée Chasteau, sa
femme, de la maison du Grand-Rouillis, 1697 (8). —
Bail à rente par dame Françoise Hernault, veuve de
Désiré Buon, maître chirurgien, à Perrine Brizeau,
veuve de Jean Frappin, et à Jean Frappin, marchand,
son fils, de terres situées à la Vallée-Froide, par. de
Ligré, etc., relevant du fief des Roches-Saint-Paul, 1672
(9 et 10) ; cession d'une partie de cette rente par la dite
Françoise à Jacques Courtillier, meunier, 1693 et
remboursement par Jean Frappin, 1694 (11). — Déclaration féodale d'Urbain Chaveneau, 1777 (12). —
Bail par Nicolas de la Chastre à Jacques Cheron,
marchand, et Jeanne Robineau, sa femme, de rentes
dues à la seigneurie de Sassay, 1702 (13 et 14). —
Déclaration féodale de Louis Courtillier, journallier,
1778 (15). — Extrait, concernant le fief de Sassay, de
l'éventillation du contrat d'acquêt des maisons et métairies de la Gaudière et du Petit-Dauconnay, par. de
Marçay, par Guillaume Dabilly, marchand, de dame
Marie Dusoul, veuve de Pierre-Jean-Joseph Lossan-
dière, 1778 (16). — Déclaration féodale de Pierre
Daget, laboureur, 1777 (17). — Vente par Nicolas de la
Chastre à Mre Pierre Daguindeau, prêtre, bachelier

______

(1) Les pièces contenues dans ce dossier et les suivants n'avaient
pas reçu de classement ancien.

en théologie, prévôt de la collégiale de Saint-Mexme de
Chinon, conseiller du Roi au siège royal de Chinon,
d'une partie de maison au village de Rochepiché et de
vignes, relevant du fief du prieuré des Roches-Saint-
Paul, 1703 (18). — Vente de la maison du Saut-au-
Loup, relevant des Roches-Saint-Paul et de Sassay,
par Louis Nicier, marchand fabricant, et Catherine
Richard, sa femme, à Nicolas David l'aîné, marchand, 1744 (19). — Vente par Vincent Ménage,
meunier, à Jean Grelet, meunier, de divers biens, au
fief du prieuré des Roches-Saint-Paul, 1703 (20). —
Exponse et abandon fait par Charlotte Goilard, veuve
d'Urbain Langlois, à Nicolas de la Chastre de divers
biens relevant de lui, et bail à rente par le dit de la
Chastre des dits biens à Jean Grelet, meunier, 1704 ;
vente de la dite rente par le dit de la Chastre à maître
Louis Grelet, étudiant en théologie en l'Université de
Poitiers, fils de Jean susdit, 1705 (21). — Autre copie
de la vente mentionnée à l'article précédent, 1705 (22).
— Déclarations féodales de Mᵉ Louis Grelet, prêtre,
curé de Rivière, 1732 (23) ; de Jean Joubert, journalier, 1777 (24) ; de divers René Rimbault, (*aliàs*,
Raimbault), 1726-1760 (29, 30, 31 et 33). — Pièces
concernant François Robert, s. de la Treille, 1691-
1697 (34 à 40) et damoiselle Claude Robert de la
Treille, épouse de René-Guillaume de Villiers, s. des
Bruères, 1727-1728 (41, 42). — Vente par Paul Gaul-
diée (ou Gaudrée), marchand, à maître Pierre Torterue
de Langardière, avocat du Roi au bailliage de Chinon,
acceptant pour son frère maître François-Jean Torterue de Sazilly, d'une maison située au Carroi-des-
Aurioux, etc., 1766 (47). — Extrait du registre des
délibérations de la municipalité de Ligré au sujet de
la jouissance du banc de Sassay dans l'église parois-
siale, 1790 (51).

Sassay 34. — 12 pièces, papier.

Entre 1762 et 1790 environ. — Pièces concernant les propriétés de la famille Arvers, dans le fief de Sassay. — Indication des domaines dont Me Jean Arvers, notaire royal, a hérité de Me François Lenée, prêtre, chanoine-chantre de Saint-Mexme de Chinon, parmi lesquels la maison de la Huberdellière en partie (1). — Bail à titre de rente foncière fait par Me Louis-Charles Lenée, conseiller du Roi, lieutenant particulier, assesseur criminel au bailliage de Chinon, à Mre Gabriel-François (*sic*) Arvers, prêtre, vicaire de la paroisse de S. Maurice de Chinon, pour lui et ses frère et sœurs, de l'autre partie de la maison et métairie de la Huberdellière, 1762 (2). — Vente par François-Guillaume de Villiers et dlles Claude et Marie de Villiers, héritiers de René-Guillaume de Villiers et de dlle Claude Robert de la Treille, leurs père et mère, à Mre François (*sic*) Arvers, prêtre, premier vicaire de la paroisse de S. Maurice, pour lui et ses frère, beau-frère et sœurs, 1763 (3). — Autre vente des mêmes à maître Jean-François (*sic*) Arvers, prêtre, premier vicaire de S. Maurice, pour lui, ses frère, beau-frère et sœurs, 1765 (5). — Autres ventes au même pour les mêmes par Marie Faucillon, veuve de Pierre Moreau et Jean Moreau, son fils, 1764 (4); par François-Guillaume de Villiers, bourgeois, 1765 (6) et 1766 (7); par dlle Marie-Anne de Villiers, 1766 (8). — Vente faite par messire Charles de Beauregard, écuyer et chevalier (*sic*), sgr de la Maison-Neuve, la Rivière, etc., et dame Jeanne-Marie Sanglier, son épouse, à Mre Gabriel-François Arvers, prêtre, curé de la Roche-Clermault, et à Mre Jean-François Arvers, prêtre, frères, pour eux et pour dlle Jeanne Arvers, fille majeure, maître Jean-Baptiste Martinier, conseiller du Roi et son procureur au grenier à sel de Beaufort-en-Vallée, et dame Marie-Ursule Arvers,

son épouse, leurs beau-frère et sœurs, de la maison et
métairie de la Chesnaye, par. de Ligné et du lieu
appelé la Croix-Hubert, où autrefois il y avait une
maison, avec leurs dépendances, tels que ces lieux ont
été acquis par feu messire Henry Sanglier, chevalier,
sgr du Haut-Vougnet, en 1749, relevant la majeure
partie des dits lieux du fief de Vougnet, dépendant de
la châtellerie de Champigny-sur-Veude et le surplus
du fief de Sassay, 1767 (9). — Notes diverses et
compte entre l'abbé Bouin, chanoine de S. Mexme, et
le s. Arvers, chanoine de S. Mexme (10-12).

Sassay 35. — 1 pièce parchemin et 32 pièces papier,
en deux dossiers.

1710-1729. — Pièces concernant la famille Frapin (cf. Sassay 20). 1er Dossier (1 à 28) pour le
procès entre François de Mondion et Jean Frapin,
notaire royal, puis sa veuve Anne Morin (1722-
1727). On trouve notamment dans ce dossier :
Contrat entre Etienne Damours, écuyer, s. de Boisaujeu, en son nom et se faisant fort de dam^{lle} Françoise
Damours, fille majeure, sa sœur, et comme fondé de
procuration de dame Françoise Sainson, veuve de
maître François de la Chastre, conseiller au présidial
d'Orléans, pour elle mère et gardienne de ses enfants
mineurs, d'une part, le s. Jean Frapin, marchand, par.
de Ligré, et maître Jean Frapin, son fils, notaire royal
à Chinon, d'autre part; par cet acte le s. Damours
cède aux dits Frapin le pouvoir qu'il a ès-dits noms
par acte de mai 1710 (cf. Sassay 11), de choisir pour
1,060 l. 13 s. 8 d. de domaines dépendants de la seigneurie du Rouillis, 4 juin 1710 (2). Vente par Nicolas de la Chastre, écuyer, s. de Sassay, à Jean Frapin,
notaire, 11 juillet 1711 (3). Vente par le même à Jean
Frapin père et fils de la maison et appartenances du
Rouillis, sauf la fuie, sur laquelle fuie le fief et justice

du dit lieu du Rouillis, appartenant au dit s. de la Chastre et par lui réservé, demeure assis et assigné, 25 mars 1712 (4). Ventes par le même à Agniesse Frapin, fille de Jean, notaire à Chinon, 30 juin 1712 (5); à Jean Frapin, notaire, 4 janvier 1713 (6); à Jean Frapin, marchand, 23 février 1713 (7).

2° Dossier (29 à 33) concernant des prés en la Prairie de Pontille : Acte entre Perrine Champigny, veuve de René Prousleau, d'une part, et Mᵉ Charles Mureau, prê-tre, curé de Trogues et autres, d'autre part, contenant notamment vente de 3 bosselées de prés en la Prairie de Pontille, par. de S. Louand, 1715 (29). Vente de ces prés à Jean Frapin, notaire royal ; les dits prés étant au fief que les parties n'ont pu déclarer, 1716 (30 et 31). Déclaration féodale de ce que tient au fief de la Giraudière en Pontille damᴵˡᵉ Anne Morin, veuve de Mᵉ Jean Frapin, notaire royal, 1729 (33), précédée d'une assignation (32) donnée à la dite dame à la re-quête du procureur de la cour du dit fief appartenant à S. A. S. Mgr le duc d'Orléans, poursuite et dili-gence des vén. doyen, chanoines et chapitre de la Sainte-Chapelle de Saint-Louis de Champigny et de leurs fermiers.

Sassay 36. — 49 pièces, papier.

1655-1753. — Pièces concernant la métairie des Hautes-Auges et Vincent Malécot, particulièrement le procès au sujet du fief dont mouvaient les Hautes-Auges (Sassay ou la Rajace), le duc d'Orléans, sgr de de la Rajace, intervenant. — Parmi les pièces : Vente des Hautes-Auges, dans le fief de Sassay, à Jacques et Guillaume Daguindeau, 14 août 1655, cf. Sassay 19, cote 52 (1). — Déclaration des choses que damᴵˡᵉ Françoise Drouin, veuve de Guillaume Daguindeau, écuyer, s. de la Grille, garde du corps du Roi, avoue tenir au fief de la Rejasse [Rajace], parmi lesquelles se trouve la Haute-Auge, 12 mars 1705 (2). — Lettres d'évocation accordées au duc d'Orléans, 27 juillet 1726 et assignation donnée à Suzanne des Roches, veuve de François de Mondion, s. de Mespieds et Sassay, de continuer le procès devant la Grande Chambre du Parlement de Paris, 8 mai 1734 (39). — Bail à rente par Marguerite Chesnon, veuve de maître Pierre Delamothe, avocat, et de maître François Jullienne, s. des Jarris, à Vincent Malécot, laboureur, 1740 (41). — Arrêt déclarant que les Hautes-Auges relèvent de Sassay, 2 juin 1742 (42, 43 et 44).

SASSAY 37. — 81 pièces, papier (¹).

xviiiᵉ siècle. — Notes diverses, extraits d'actes, assignations, lettres. On y remarque : Notes concernant le lieu de la Poublaie (1). — Assignation donnée à Lenée, chantre et chanoine de S. Mexme, et à Etienne de Seguin et son épouse, héritière de Mʳᵉ Daguindeau, 1729 (31). — Extraits du contrat de la vente faite, le 16 décembre 1714, par le s. Joseph Bridonneau, chanoine, à Mʳᵉ Gilles de Mondion de Coémé, de la maison de la Chesnaye (38 et 39). — Lettres (1784 à 1789) parmi lesquelles (72 à 81) il y en a du chanoine Bouin (73 à 77) et une (79) demandant au dit chanoine (Fortuné Bouin de Noiré, prêtre, chanoine de Sᵗ-Mexme, écuyer, sgr de la Roche-Clermault, Sassay; le Roulys, les Roches-Saint-Paul et Ligré) sa déclaration féodale de ce qu'il tient au fief de la Vauguyon, appartenant au chapitre du Plessis-lez-Tours (note pour la dite déclaration nᵒ 78).

(¹) Les dossiers Sassay 16 à 37 sont tous des liasses.

9 782019 214739